NOTICE

SUR

M. L.-E.-ARMAND THUIN

PRÊTRE DE LA MISSION

DECÉDÉ LE 2 AVRIL 1889

DANS SA TRENTIÈME ANNÉE

SE TROUVE

AU BERCEAU DE S. VINCENT DE PAUL

PRÈS DAX (LANDES)

1889

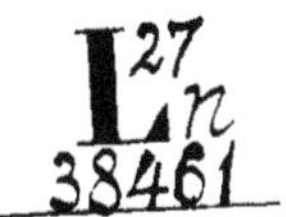

NOTICE

SUR

M. L.-E.-ARMAND THUIN

IMPRIMERIE D. DUMOULIN ET Cie
Rue des Grands-Augustins, 5, à Paris.

NOTICE

SUR

M. L.-E.-ARMAND THUIN

PRÊTRE DE LA MISSION

DÉCÉDÉ LE 2 AVRIL 1889

DANS SA TRENTIÈME ANNÉE

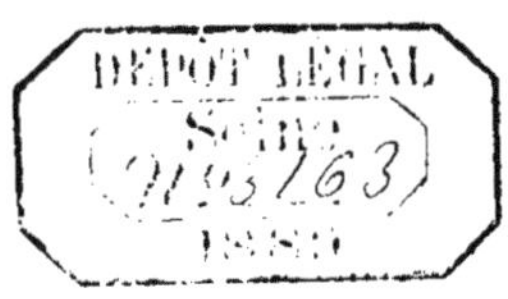

SE TROUVE

AU BERCEAU DE S. VINCENT DE PAUL

PRÈS DAX (LANDES)

1889

NOTICE

SUR

M. L.-E.-ARMAND THUIN

I

ENFANCE — ÉTUDES

> Ad omnia mandata tua dirigebar.
> Je me conduisais selon tous vos commandements. — Psaume CXVIII, v. 128.

Louis-Eugène-Armand Thuin naquit le 1er septembre 1859, aux confins des diocèses de Beauvais et d'Amiens, à Amy, canton de Lassigny, dans le département de l'Oise. Dieu bénit le mariage de ses parents, Pierre-Adonaï Thuin et Luce-Constance Dupuis, en leur donnant trois garçons et deux filles[1]. Armand était le plus jeune. Il fut baptisé le jour de la fête de la Nativité de la sainte Vierge. Sans dédaigner ses autres patrons, il montra une dévotion toute particulière pour saint Louis de Gonzague, en qui il avait la plus grande confiance.

Ses premières années s'écoulèrent paisiblement sous l'œil de sa bonne mère, sans que l'enfant se fît remarquer par rien d'extraordinaire, quoiqu'il montrât dès lors les germes de cette piété fervente qui ne se démentit jamais. Toutefois plusieurs de ses compatriotes, qui l'avaient connu dans son enfance, s'étonnèrent de le voir embrasser

1. La dernière ne vécut que six mois, et le second des garçons mourut à vingt et un ans.

l'état ecclésiastique. Ces personnes, faisant consister la vertu dans une grande placidité extérieure, ne trouvaient pas dans le jeune Thuin ce qu'elles s'imaginaient être une perfection. Armand était gai et joyeux, mais simple et innocent : il jouait de tout son cœur quand le moment de se récréer était venu, et en cela il était pleinement louable.

Le 21 avril 1871, la mort lui enleva son père. Il semble que cette perte cruelle doubla la tendresse d'Armand pour sa chère mère. Le 4 juin suivant, fête de la Très-Sainte-Trinité, il fit sa première communion. Les règlements du diocèse, appliqués avec une grande rigueur, exigent que les enfants aient douze ans révolus avant d'être admis à la table sainte. L'exception faite en faveur du jeune Thuin est une preuve incontestable de son instruction religieuse, de sa bonne conduite et de sa piété. Jusqu'à la fin de sa vie M. Thuin s'est souvenu avec bonheur de ce jour de sa première communion. En 1882, à l'occasion de son appel aux ordres mineurs, il faisait remarquer que cette année-là la fête de la Sainte-Trinité tombait tout juste à la même date que pour sa première communion. Le 5 juin 1887, il écrivait à sa bonne mère :

« J'ai choisi à dessein ce jour pour t'écrire. Il y avait ce matin première communion pour nos enfants. Cette cérémonie si touchante me rappelait nécessairement ce que j'éprouvais à pareil jour le 4 juin : je me reportais naturellement à cette époque de ma vie. Que de souvenirs pleins de charmes ! Il me semble y être encore ! On a bien raison de dire : le grand jour, le plus beau jour de la vie. Je dois une véritable reconnaissance à M. Triboullet[1] pour sa bonté à mon endroit. Et depuis la Providence m'a pris comme par la main et m'a conduit pas à pas jusqu'au sacerdoce. Il y a quatre ans nous fêtions ensemble l'anni-

1. Le curé d'Amy-le-Grand, qui admit Armand Thuin à la première communion avant l'âge fixé. Il resta à la tête de cette paroisse pendant près d'un demi-siècle.

versaire de ma première communion à l'occasion du sous-diaconat; et, l'an dernier (le 19 juin), nous le fêtions encore à l'occasion de la prêtrise et de la première messe!... La première messe! la prêtrise!... Que de souvenirs! et tous ces souvenirs se réunissent en un même jour de fête[1]. »

Après sa première communion, Armand resta encore près d'un an avec sa mère, qui le fit entrer, à Pâques 1872, au collège de Roye[2], comme élève de français.

1. La fête de la Sainte-Trinité. — Nous trouvons un écho des émotions d'Armand à sa première communion, dans les lignes qu'il adressait, le 25 mai 1888, à une de ses nièces le jour où elle était admise à la sainte table. « C'est bien le plus beau jour de ta vie, jamais tu n'éprouveras une joie aussi pure! Comme tu es heureuse Je me demande si je ne dois pas te laisser tout entière à ton bonheur; mais non, tu me ferais un reproche de ne ne pas le partager et de ne point passer cette journée avec toi. Tu viens donc de recevoir Notre-Seigneur pour la première fois. Sans doute tu as bien préparé ton cœur pendant toute cette année : du fond des Landes il me semblait te voir occupée surtout à te préparer de ton mieux à la première communion... Aussi Notre-Seigneur est-il venu ce matin te visiter avec toutes ses grâces. Il t'a comblée de ses faveurs, de ses caresses; ton âme déborde de joie, et tu as passé une de ces heures telle que les plaisirs du monde n'en procurent pas, telle que Jésus sait en donner aux âmes qui l'aiment... Ce soir tu vas renouveler en ton propre nom, de ta propre initiative, les promesses que je fis pour toi, il y a douze ans. Sois toujours fidèle à ces engagements et à cette rénovation solennelle, jure du fond de ton cœur une haine mortelle au péché, et fuis-le comme le plus grand de tous les maux... Cette journée, unique dans la vie de beaucoup d'âmes, cette journée du ciel que tu voudrais prolonger, cette journée sans nuage où tout est beau, où tout est bien, parce que Jésus est dans ton cœur et que ton cœur est tout à Jésus, cette journée, malgré ses parfums, malgré ses charmes, cette journée passera bien vite; n'en perds point la moindre parcelle... Laisse-moi terminer par ce souhait : que ton âme soit toujours aussi blanche, et ton cœur aussi pur qu'à l'heure de ta première communion, afin que tu puisses retrouver souvent le bonheur de cette belle journée en t'unissant de nouveau à Notre-Seigneur... »

2. Le collège de Roye, dans la Somme, fut fondé, après la grande Révolution, par M. de Wailly (1759-1828), prêtre de la Mission! supérieur du grand séminaire d'Amiens (1811-1827), nommé plus tard, par le pape Léon XII, supérieur général de la Congrégation (1827-1828). Dès que les circonstances le permirent, M. de Wailly

Mme veuve Thuin voulait préparer son fils à entrer dans le commerce ; mais la Providence avait d'autres desseins. En 1874, Armand demanda à étudier le latin, dans le désir d'embrasser l'état ecclésiastique. Il avait quatorze ans et demi et sa mémoire le servait mal; mais les difficultés ne l'effrayaient point. Un peu avant Pâques, il écrivait à sa bonne mère : « Je n'ai pas changé d'idée depuis le jour où tu es venue me voir,... j'espère bien que je ne changerai point, et que ce sera toujours là le but où tendront tous mes efforts.... Je sais bien qu'il est un peu tard, mais j'espère regagner le temps perdu. » Le sacerdoce fut dès lors, en effet, le grand objet des pensées et des désirs d'Armand Thuin. Il y revient souvent dans les pages où il consigne ses impressions de retraite. « En ce jour (18 février 1875) je sentis plus que jamais le désir de me donner tout entier à Dieu, et je renouvelai la promesse que je lui en ai faite souvent. Je lui demandai que ce désir de me donner à lui pour toujours s'accomplît, ou plutôt que le temps qui m'en

établit les Lazaristes à Roye et à Montdidier. A la révolution de 1830, après le pillage de l'archevêché, de la sacristie de Notre-Dame, de la maison des Missionnaires de France et de celle des Jésuites, et de l'église Saint-Germain l'Auxerrois, il n'était pas prudent de garder le corps de saint Vincent à Paris. La précieuse relique fut transportée au collège de Roye, et le supérieur général, le vénérable M. Salhorgne, se retira au grand séminaire d'Amiens. — Deux prêtres de la Mission quittèrent le collège de Roye pour la Chine, où ils moururent tous deux vicaires apostoliques. Mgr François-Alexis Rameaux (1802-1845) partit en 1831 du collège, dont il était supérieur, et devint, en 1839, vicaire apostolique des deux provinces du Kiang-si et du Tché-kiang, avec le titre d'évêque de Myre. Mgr Joseph Martial Mouly (1807-1868) fut trois ans professeur à Roye (1830-1833). Parti en Chine avec M. Danicourt, il devint, en 1841, vicaire apostolique de la Mongolie, et en 1856 vicaire apostolique du Pé-tché-ly septentrional (Pékin), avec le titre d'évêque de Fessulan. A son voyage en France, en 1861, il se fit un bonheur de revoir la ville de Roye. Les Lazaristes ne restèrent que huit ans à Roye, de 1826 à 1834. En 1852 Mgr de Salinis établit au collège de Roye les prêtres du diocèse d'Amiens. Cet établissement a aujourd'hui cent dix élèves.

séparait encore me semblât court. — La vocation est une chose fixée par Dieu : il ne faudrait pas essayer d'y résister, ce serait un tort.... Oh ! je veux suivre ma vocation, elle est si belle ! — O mon Dieu ! accordez-moi donc de me consacrer à votre service d'une manière toute particulière par le sacerdoce. J'en suis indigne, je le sais : mais vous êtes bon.... Secourez-moi, et donnez-moi la force d'être un jour un bon prêtre. C'est là ce que seulement j'ambitionne dans ce monde, afin qu'après une vie bien remplie j'aille jouir dans l'éternité du bonheur que vous réservez à vos saints. »

M. le supérieur du collège de Roye a bien voulu nous dire lui-même ce que fut notre cher Armand pendant ses études. « L'abbé Thuin entra au collège de Roye en 1872, comme élève de français ; sa mère, qui venait de perdre son mari, désirait lui faire donner assez d'instruction pour qu'il pût entrer dans le commerce, si ses goûts l'y avaient porté. Au bout de quelques mois il se sentit appelé à une vocation plus haute : sa piété, son obéissance, son application dénotaient un élève peu ordinaire, et déjà nous pouvions fonder sur lui les plus belles espérances. Il commença le latin, et se mit à ce nouveau travail avec un courage et une opiniâtreté qui ne se démentirent jamais. Il lui fallut faire de grands efforts pour apprendre par cœur ; mais cette difficulté ne l'arrêta pas, et il devint bientôt un bon élève, non pas brillant, mais sérieux et solide. — Sa piété grandissait de jour en jour, et son attitude pendant la prière était particulièrement édifiante. Sa délicatesse de conscience était très grande, j'allais dire excessive, si cet excès pouvait être blâmable. Il fit partie de la congrégation de saint Joseph, établie au collège en 1875 ; il fut un congréganiste exemplaire, remarquable surtout par son humilité et par le soin qu'il mettait à cacher ses vertus. — Ses maîtres ne se souviennent pas de lui avoir adressé de reproches sérieux ; son plus grand bonheur était d'aller au-devant de leurs désirs et il ne craignait rien tant que de leur causer quelque peine. — Bon camarade, il avait pour tous ses condisciples une affection vraiment chrétienne et, malgré sa timidité naturelle, il savait parfois faire une remontrance à l'élève indocile ou paresseux. — Le règlement était vraiment pour lui l'expression de la volonté de Dieu, et il l'observait avec la plus scrupuleuse exactitude. — C'était en un mot un excellent élève dont le souvenir est resté vivant au collège de Roye. »

Si nous en croyons les notes et les résolutions d'Armand Thuin, son défaut dominant était l'orgueil. « Je combattrai mon défaut dominant, l'orgueil ; je le combattrai sans cesse, et je tâcherai de l'extirper de mon cœur, et de le remplacer par l'humilité. » Il revient fréquemment sur ce vice, qu'il s'est d'ailleurs reproché durant toute sa vie. Mais le digne supérieur de l'institution ecclésiastique de Roye rend témoignage à l'humilité d'Armand, comme tous ceux qui ont connu ce confrère si modeste et si plein de réserve. Dans sa correspondance, nous le voyons, loin de s'enorgueillir, s'accuser souvent et se donner des torts qu'il n'a pas. M. le curé d'Amy nous dit fort justement à ce sujet : « Ses lettres du collège de Roye sont à peu près semblables. A celui qui ne connaîtrait ni M. Thuin ni sa mère, il semblerait, d'après ces lettres, que la mère fût sévère et exigeante, et le fils un peu paresseux dans ses études ; or, c'est le contraire qui est vrai : la mère est et a toujours été très bonne, et son fils n'avait pas besoin d'indulgence. Ces lettres datées du collège prouvent sa piété filiale, son amour de l'étude, son esprit de foi, son humilité, sa sévérité pour lui-même. Il s'excuse, il demande pardon à sa bonne mère de son peu de succès, comme s'il avait quelque reproche à se faire : or, M. le Supérieur l'a dit le jour de ses funérailles : « *Il fallait modérer « l'ardeur au travail de cet élève,* » qui aurait pu, avec raison, invoquer son peu de mémoire, ce qu'il n'a jamais fait. »

Nous croirions volontiers que le défaut dominant de

M. Thuin fut plutôt cette tendance à l'inquiétude et au scrupule, contre laquelle il a eu à combattre toute sa vie, et qu'il vise également dans ses résolutions de retraite même au collège. « Je me laisserai conduire et j'obéirai avec humilité, en tout et toujours, et je ne ferai jamais rien sans conseil. — Je serai toujours bien calme, bien tranquille, méprisant toutes les pensées qui pourraient se présenter à mon esprit, et les chassant. — Obéissance et soumission aveugle à mon directeur. — J'aurai une soumission entière, aveugle à mon directeur, et j'obéirai en tout à tous mes maîtres, sans craindre ce qu'en peuvent dire mes condisciples. » — Dès son adolescence nous voyons déjà Armand chercher toujours le côté positif et pratique. Ainsi il a soin de relire ses résolutions de la dernière retraite chaque fois qu'il se confesse, pour arriver à les mieux exécuter; chaque jour il s'examine sur la fidélité à ces résolutions et il s'imposait une pénitence pour ses manquements. Il a une petite statue de la sainte Vierge et une de saint Joseph, ainsi qu'un petit crucifix. De temps en temps, durant les études et les classes, dans ses difficultés, il jette un regard sur ces images, surtout sur le crucifix, pour demander les lumières dont il a besoin. Il contracte la pieuse habitude des oraisons jaculatoires. Il a toujours un but bien déterminé dans ses prières, et il offre à Dieu toutes ses actions; mais il a diverses intentions et il les varie afin d'éviter la routine et d'entretenir sa ferveur.

Si ses maîtres l'ont regretté et ont conservé précieusement le souvenir de ses bons exemples, Armand a aussi regretté vivement son cher collège. A la veille de le quitter il écrivait : « Bien chère mère, pour la dernière fois tu vas recevoir mon bulletin; oui, pour la dernière! Il me faut bientôt franchir à jamais le seuil de cette maison bénie, où se sont écoulées les plus belles années de mon enfance. Que de doux souvenirs, chère mère, me rappellera sans cesse le nom du collège de Roye! Toujours dans ma mémoire sera gravée l'image de ces maîtres dévoués qui m'ont prodigué leur temps, leurs soins et leur amour. Je me verrai encore assis sur les bancs de l'étude et de la classe, et il me semblera encore entendre les sages conseils, les avis salutaires que ces Pères bien-aimés ne se lassaient de nous donner, et que jamais je n'oublierai. Tu le sais, chère mère, depuis le premier pas que je fis dans ce pieux asile jusqu'au dernier, je puis dire que toujours, malgré mes infidélités et mes défauts, j'ai toujours été traité avec amour. Dans cette maison on trouve à la fois pour le corps, pour l'intelligence et pour l'âme une nourriture forte et solide; encore une fois, on y trouve des anges tutélaires pour veiller sur la vie spirituelle et pour veiller sur la vie corporelle. — Mais je n'ai pas seulement trouvé ici des maîtres généreux et dévoués, j'ai encore rencontré des amis sincères. Que j'aimais ces récréations animées, où tous, enfants d'une même famille, nous prenions part aux mêmes délassements, sans qu'aucun d'entre nous vînt troubler la joie commune; que j'aimais ces fêtes d'enfants où tous les cœurs étaient unis pour n'en faire qu'un seul ! Que de regrets, que de souvenirs m'accompagneront au sortir de cette maison!... Adieu, pieux et saint asile ; adieu, maîtres vénérés; adieu, heureux amis. Je vous quitte tous, hélas ! mais ce n'est pas sans l'espoir de pouvoir revenir un jour au bercail.... »

Les vacances d'Armand n'apportaient aucune diminution dans sa piété ; il pouvait satisfaire plus facilement sa dévotion, il se plaisait à l'église et conjurait M. le curé d'Amy de lui en laisser le soin. Ses devoirs des vacances étaient aussi consciencieusement travaillés que tous les autres. Il s'étudiait à faire plaisir à sa mère et à ses frères; et il fuyait jusqu'à l'ombre du mal avec la plus grande vigilance.

Au mois d'octobre 1879, Armand entra au petit séminaire de Saint-Riquier [1] pour y faire sa philosophie. Il avait alors

1. Saint-Riquier fut une ville importante, comme l'indique son ancien nom de Centule, qui signifie cent tours. Cette ville a pris le

vingt ans. A Saint-Riquier, il se trouva dans l'atmosphère de piété et de ferveur qui lui convenait; et, quand il eut surmonté un peu sa timidité naturelle, et fait connaissance avec ses condisciples, il se réjouit grandement de son nouveau sort. Toutefois, à côté de la consolation, Dieu plaça bien vite l'épreuve : les scrupules du bon jeune homme augmentèrent. Il avait surtout une vive appréhension d'être en état de péché mortel, ce qui le préoccupait vivement pour les communions qu'il faisait dans la semaine. Il fallut souvent l'encourager et le rassurer, tout en essayant de lui faire mépriser les vaines craintes dont il était fréquemment assailli. A cette époque, M. Thuin commença à noter très exactement, après chaque confession, la pénitence imposée et les avis donnés par son confesseur. C'est une pratique qu'il conserva jusqu'à la fin de sa vie, et qui prouve son grand désir d'avancer dans la vertu.

La retraite annuelle, qui se clôtura le 2 février, lui apporta une joie d'autant plus grande, qu'il fut alors admis dans la congrégation de la Très-Sainte-Vierge. « Après midi, écrit-il sur son cahier de retraite, la Congrégation s'est assemblée pour la réception des nouveaux congréganistes. Oh ! quel bonheur d'être enfant de Marie! quelles douces émotions j'ai ressenties en entrant dans ce sanctuaire béni ! Reine des cieux, combien je fus heureux ! Il m'est impossible de le dire ; mille sentiments d'amour de Dieu, de reconnaissance, d'offrande, se pressaient dans mon

nom du saint abbé qui y fonda, en 640, une abbaye devenue l'une des plus célèbres de la congrégation de Saint-Maur. L'église de l'abbaye est aujourd'hui église paroissiale. Presque tous les bâtiments du monastère ont disparu et ont été remplacés par de magnifiques constructions commencées par Mgr Mioland, qui installa à Saint-Riquier le petit séminaire du diocèse d'Amiens. Le premier supérieur fut M. l'abbé Padé, à qui M. de Wailly avait confié la direction du collège de Montdidier (1818-1822), en attendant le jour où il pourrait y établir ses confrères les prêtres de la Mission. Le petit séminaire de Saint-Riquier est très florissant : le nombre des élèves dépasse toujours trois cents.

cœur ; je ne me possédais plus ; je crois que je n'ai jamais été si heureux depuis ma première communion. C'est un de ces moments passés au ciel, en compagnie de sa bonne Mère ; oh ! que l'on est heureux au ciel, car ce que j'ai ressenti n'est pas encore la réalité ! C'est un de ces moments que je n'oublierai jamais, dont le souvenir me sera toujours délicieux, et ce souvenir sera encore vivant au bord de la tombe ; ce jour marquera dans mon passage à Saint-Riquier et dans toute ma vie ; il me semblait ressentir quelque chose de ce qu'on ressent lorsque, à la prêtrise, l'évêque vous fait des onctions sur les mains. Oui, ô Vierge Marie ! je vous ai demandé de faire de moi un saint prêtre, après m'avoir revêtu de l'habit du tiers-ordre (de Saint-François d'Assise) ; et, j'en suis sûr, vous m'avez exaucé ; vous me protégerez pendant toute ma vie, et Dieu, vous me l'avez fait sentir, Dieu m'appelle à l'autel ; témoin ce billet du mois que j'ai reçu sans le chercher plutôt qu'un autre, et sur lequel est écrite cette sentence : *Messis quidem multa, operarii autem pauci* [1]. Et ce *Memorare* à réciter après la communion du prêtre, pour les aspirants au sacerdoce, que vient-il me dire ?... Mais, ô Marie ! je suis votre enfant : obtenez-moi la grâce d'en être digne partout et toujours [2].... »

1. La moisson est abondante, mais les ouvriers sont peu nombreux. (Mat. IX, 37.) Ces paroles se lisent dans l'évangile de la messe de saint Vincent de Paul.

2. M. Thuin aimait beaucoup la chapelle de la congrégation de la Sainte Vierge, il y goûtait de douces consolations. « Je ne m'étonne pas de ce que vous me dites de la chapelle de la Congrégation, lui répondait M. le supérieur de Roye : c'est là un des plus doux souvenirs de Saint-Riquier. » — Le titre de congréganiste assure de pieux suffrages après la mort. En apprenant le décès de M. Thuin, M. le supérieur du petit séminaire nous répondit aussitôt : « Nous n'oublierons pas le cher défunt.... Comme il était membre de la congrégation de la Très-Sainte-Vierge, les congréganistes réciteront pour lui l'office des morts, et une messe sera dite devant eux pour le repos de son âme. »

Quelques lignes sur un pèlerinage à Montflières[1] nous donnent une nouvelle preuve de la tendre dévotion et de la filiale confiance du pieux séminariste envers la très sainte Vierge : « J'ai demandé à la sainte Vierge, entre autres grâces, celle de connaître ma vocation et d'y correspondre, et j'entendis une voix intérieure me répondre, après la communion qui me fit goûter tant de bonheur : « Le sémi-« naire, le sacerdoce ; prière, travail, règle, obéissance sur-« tout à mon directeur, chasteté, humilité, travailler avec « intrépidité, malgré l'insuccès, travailler pour la gloire de « Dieu et s'humilier de son insuccès. » Avant tout, je veux faire la sainte volonté de Dieu. — Je demandai à la sainte Vierge de me guérir de mes scrupules, et elle me dit de ne pas m'arrêter à examiner si j'avais consenti ou non. Mais je ne priai pas que pour moi : la sainte Vierge le sait ; elle m'exaucera, cela suffit. — Cette journée bénie restera à jamais gravée dans ma mémoire, et plus tard, au milieu des saints exercices du ministère, je me souviendrai avec délices de cette journée, une des plus belles de ma vie. Oh ! que je fus heureux dans cette petite chapelle. Je me sentais auprès de ma tendre Mère ; et, séparé de ma mère de la terre, je sentis plus que jamais le bonheur d'avoir une Mère au ciel, et quelle Mère ! Que ces journées consacrées à Marie vont bien au cœur ! O Marie ! ma tendre Mère, dans ce sanctuaire béni, à l'ombre de cet

1. Montflières, petite localité à environ six kilomètres de Saint-Riquier, et annexe de la paroisse de Bellancourt. Une statue miraculeuse y est vénérée depuis plusieurs siècles. Cette sainte image ayant été trouvée dans un champ entre Bellancourt et Montflières, les deux localités la réclamèrent. Les habitants de Bellancourt amenèrent quatre chevaux, et ceux de Montflières un seul. Les animaux ayant été attachés au char sur lequel on avait déposé la statue, le cheval de Montflières entraîna tout. La chapelle de Notre-Dame de Montflières est couverte d'ex-voto : chaque année les pèlerins y arrivent en foule de toute la contrée voisine. En avant de la modeste chapelle s'élève un arbre plusieurs fois séculaire, dans le creux duquel on vénère une autre image de la sainte Vierge.

orme six fois séculaire, je me suis consacré à vous de nouveau; et, quoi qu'il arrive, ne l'oubliez pas, je compte sur votre bras tout-puissant! *Filius Mariæ nunquam peribit* [1]. O Marie conçue sans péché, priez pour nous qui avons recours à vous. Notre-Dame de Montflières, priez pour nous.»

A Saint-Riquier, Armand Thuin fut vite apprécié de ses professeurs et de ses condisciples. Quoiqu'il n'eût passé qu'une dizaine de mois dans la maison, à la fin de l'année, un assez grand nombre de voix se portèrent sur lui pour le prix de sagesse [2]. Il convenait que cette distinction fût décernée à l'un des bons élèves qui avaient édifié le séminaire durant plusieurs années; mais les voix données à Armand Thuin prouvent l'estime dont il jouissait parmi ses camarades. Quant à ses maîtres, après lui avoir confié, peu de temps après son arrivée, la charge de censeur [3], ils lui donnèrent les notes suivantes pour son entrée au grand séminaire :

Études un peu faibles;

Caractère un peu timide;

Mais il est régulier, droit, vertueux, d'une grande piété.

La classe de philosophie comptait, cette année-là, une trentaine d'élèves. Armand avait fait ses études un peu vite; il n'était que le vingt et unième en excellence; mais son travail assidu suppléa à tout le reste. Vingt-cinq philosophes entrèrent au grand séminaire : neuf furent dispensés de l'examen d'admission, parce qu'ils se présentaient au baccalauréat; sur les seize qui restaient, M. Thuin fut le premier pour l'examen écrit, et le second pour l'examen oral. En nous donnant ces détails, M. le supérieur de Saint-

1. L'enfant de Marie ne périra jamais.

2. Les prix de sagesse sont décernés par les suffrages des élèves approuvés par les maîtres.

3. Le censeur a l'œil sur plusieurs élèves placés près de lui, et il est comme responsable de leur conduite. Cette charge apporta plus d'une préoccupation à Armand, dont la conscience était si timorée et si anxieuse.

Riquier ajoute avec raison : « C'était là un beau succès; Dieu récompensait le travail consciencieux et persévérant de son fidèle serviteur. »

Malgré ses vifs désirs, notre jeune philosophe, à la piété fervente et à la régularité parfaite, ne portait pas encore la soutane. Il avait fait ce sacrifice pour entrer dans les vues de sa mère, qui préférait le voir attendre. « Le jour de la Purification, lui écrivait-il, quatre de mes condisciples, quatre élèves de philosophie, ont encore pris la soutane : je les admirais dans leur saint habit. Quelques élèves me demandaient quand viendrait mon tour; j'ai répondu : « Quand j'entrerai au séminaire. » — Puisque tu ne tiens pas à ce que je la prenne à Saint-Riquier, eh bien, soit! Je me rends aux raisons que m'a données M. le curé, j'en fais le sacrifice : à moins toutefois que tu ne reviennes sur ta décision, ce qui me ferait grand plaisir; mais puisque tu n'es pas de mon avis, n'en parlons plus. »

Cette première année de philosophie fut réellement, comme elle devait l'être, une année de sérieuse préparation au grand séminaire. « Le mois de septembre [1]! cela me dit bien des choses; cela m'annonce l'entrée du grand séminaire, et par conséquent, cela me dit : Prépare-toi. — Prêt, je le suis, en ce sens que je désire ce moment avec impatience; mais en ce sens que j'aie maintenant toutes les vertus nécessaires, je ne le crois pas. Aussi, c'est un point que je ne perds pas de vue, j'y pense tous les jours, et tous les jours, je m'efforce de devenir bon. » — A la fin de l'année, l'humble philosophe se croyait pris au dépourvu, malgré tous ses efforts. Nous allons constater qu'il était au contraire parfaitement préparé.

1. Au grand séminaire d'Amiens la sortie a lieu après la Nativité de saint Jean-Baptiste, pompeusement solennisée à la cathédrale, à cause de la relique insigne, la Face vénérée du Précurseur, qui y est dévotement conservée. La rentrée a lieu à la fin de septembre pour la solennité du patron du diocèse, saint Firmin, premier évêque d'Amiens, martyr (25 septembre).

II

GRAND SÉMINAIRE D'AMIENS

Deus et Animæ !
Dieu et les Ames !

Telle est la devise que l'abbé Thuin se plaît à écrire souvent, en tête de ses cahiers et de ses notes, dès son entrée au grand séminaire d'Amiens[1], où il arriva le 25 septembre 1880. Dieu et les âmes sont dès lors l'objet constant de ses pensées et le but de ses efforts généreux. Il veut être tout à Dieu, tout faire pour Dieu. Dans son travail il ne cherche point sa propre satisfaction, ou l'estime des hommes : il travaille pour plaire à Dieu et pour se mettre à même de sanctifier les âmes; ses actes de vertu eux-mêmes sont accomplis dans le désir de se rendre propre à sauver les âmes. Aussi lisons-nous dans ses notes intimes des réflexions comme celle-ci : « N'oublie pas que tu dois travailler à chaque instant à ta formation. La gloire de Dieu le demande, le salut des âmes le demande aussi bien que le sang de Jésus, ton salut le demande, la religion le demande, le diocèse le demande ! A l'œuvre : de l'énergie, de la virilité ! — Dans mes études, mes lectures, mes récréations, avoir toujours en vue ma préparation au sacerdoce, ma

1. Le grand séminaire d'Amiens a été bâti par les prêtres de la Congrégation de la Mission, qui furent appelés dans cette ville en 1662, deux ans après la mort de saint Vincent. Ils s'occupèrent dès lors de la direction du séminaire et des missions dans les campagnes. Le vaste séminaire était la propriété des Lazaristes : la Révolution s'en empara. Le séminaire d'Amiens fut le premier établissement repris par la Congrégation après la tourmente révolutionnaire; il fut rétabli dès 1806. Toutefois les directeurs et les séminaristes ne rentrèrent pas immédiatement dans l'immeuble vide et désert. Napoléon, passant par Amiens, s'informa de ce qu'étaient ces construtions inoccupées, et bientôt il permit de les rendre à leur ancienne destination.

sanctification et celle des âmes qui me seront confiées. Terrible ministère! mais courage et confiance : *Si Deus pro nobis, quis contra nos?*[1] — En récréation, aménité, expansion; m'habituer à cet air doux, affable, charitable, qui fait que, quand on est curé, on a toujours un mot pour les paroissiens qu'on rencontre : il ne faut pas qu'un curé soit morose, taciturne, mais qu'il soit abordable, qu'il cause facilement avec ses ouailles; alors il aura l'occasion de leur dire un petit mot de piété de temps à autre. Que de moyens ne faut-il pas employer pour gagner l'affection; non pas pour se faire aimer bêtement, mais pour se faire aimer de manière à pouvoir faire le bien! — Pensons au salut des âmes dont nous aurons à répondre.... Que je suis éloigné du but! Ma formation, ma formation! O pauvres âmes! que de reproches vous aurez à me faire, comme vous m'accuserez au jugement de Dieu! Est-ce ainsi qu'on se prépare à une mission si élevée? Que je suis indigne du ministère des âmes! Et que serai-je donc dans le ministère, si je suis si tiède ici au sein de la piété? A l'œuvre, à l'œuvre! saint Joseph, patron de la vie intérieure, accordez-moi de me remettre enfin sérieusement à tous mes exercices de piété, à mon travail.... »

Comme on le voit, l'abbé Thuin ne se trouvait qu'un pauvre séminariste dépourvu des qualités les plus essentielles, sans intelligence et sans ferveur, manquant d'obéissance et de charité, plein d'orgueil et de mollesse. Il en fut ainsi toute sa vie : Dieu se plaisait à le voir se sanctifier dans ces humbles sentiments, mais il soutenait son fidèle serviteur contre le découragement et développait sa générosité. Dans une de ces petites retraites du mois qu'il faisait très régulièrement, en son particulier, à la suite de la communication dans laquelle il avait ouvert toute son âme à son directeur, le zélé séminariste écrit : « Courage et con-

1. Si Dieu est pour nous, qui sera contre nous? (Rom., VIII, 31.)

fiance, à l'œuvre sans retard. Comme j'ai peu d'énergie! Il me semble que je prends des résolutions pour n'avoir pas la volonté de les tenir, que j'ai une volonté pour ne pas vouloir. O mon Dieu! vous voyez mon état, vous voyez le peu de fruits que je fais, les faibles efforts que je fais aussi; vous me réduisez à cet état d'impuissance pour m'humilier et me faire voir que sans vous je ne puis rien : merci mon Dieu, que votre volonté soit faite, que je la suive en tout cette volonté, même dans la lutte contre moi-même! Accordez-moi, ô mon Dieu! non pas de voir mes faibles efforts couronnés de succès, mais de vous aimer, de vous aimer encore, de vous aimer toujours davantage, de vous prouver cet amour par des efforts réitérés, une lutte continuelle contre moi-même, une lutte de chaque jour, de chaque instant, dans laquelle je ne perdrai pas courage.... »

Une lutte continuelle contre lui-même : c'était là en effet la vie de l'abbé Thuin au séminaire. Sa santé avait toujours été délicate. Dès son entrée à Amiens, il éprouva, particulièrement l'après-midi, des douleurs d'estomac qui le gênaient beaucoup pour ses études, et que le médecin attribuait en partie à un excès d'application. Ces souffrances ne purent arrêter son ardeur au travail et son directeur dut souvent l'obliger à prendre quelques ménagements; mais bien vite l'humble séminariste se reprochait sa délicatesse. « Ce n'est là, se disait-il, que le résultat d'une nature molle, indifférente, endormie, qui ne sait pas se gêner. A l'œuvre donc, c'est ma nature qu'il faut briser, je la briserai. Ce sont des sacrifices qu'il faut faire, je les ferai.... Misérable, tu n'es digne d'aucun ménagement, et tu n'as que douceur, faiblesse pour ton cadavre. O conscience, où es-tu?... O mon Dieu! pourquoi souffrez-vous dans cette sainte maison un être aussi indigne que je le suis? Allons, il faut nous mettre à l'œuvre, ma pauvre âme, avec d'autant plus de courage que nous avons perdu de temps. »

A l'œuvre! avait écrit M. le supérieur de Saint-Riquier à

ses anciens élèves. Devenez tous des hommes de principes, des séminaristes fervents, acquérez des vertus solides, il en faut à cette époque d'amoindrissement des caractères. Aimez la règle, soyez pleins de confiance en vos directeurs, priez bien la sainte Vierge et vous remplirez les desseins de Dieu. — L'abbé Thuin avait copié religieusement ces sages recommandations : tous ceux qui l'ont connu au grand séminaire diront qu'il les a sans cesse mises en pratique. M. le supérieur du grand séminaire nous montre l'abbé Thuin « comme un séminariste modèle, doué d'un excellent caractère, remarquable surtout par un ensemble de conduite irréprochable, toujours pieux, toujours régulier, toujours fidèle à ses moindres devoirs ». Ses condisciples rendent hommage à sa profonde humilité et à sa grande charité. Plusieurs l'avaient surnommé *le Saint*, à cause de ses vertus éminentes toujours cachées sous le voile de l'humilité. « Partout, dit la *Semaine religieuse d'Amiens*[1], il sut gagner par son ardente piété, son courage à l'étude, sa douceur et son amabilité, l'affection et l'estime de ses supérieurs et de ses condisciples. » *Le Bulletin religieux* de Beauvais lui donne les mêmes éloges[2] : « Au grand séminaire d'Amiens, l'abbé Thuin fut ce qu'il avait été pendant ses humanités, la joie et l'honneur de ses supérieurs ; à l'unanimité, ses confrères aimaient à le proclamer le modèle du séminaire: lui seul ne s'en doutait pas, et l'on eût bien étonné sa modestie en lui adressant des éloges qu'il méritait si bien. Il faisait simplement son devoir, tout son devoir, sans jamais se permettre la moindre infraction à la règle. Austère pour lui-même, il était bienveillant, indulgent, charitable pour tout le monde; sa piété n'était ni farouche, ni hautaine, mais toujours aimable et modeste; il savait excuser chez les autres les petites fautes qu'il se serait vivement reprochées à lui-même. Si quelqu'un a réalisé cette belle maxime :

1. Numéro du 21 avril 1889.
2. Numéro du 27 avril 1889.

Qui regulâ vivit, Deo vivit[1], ce fut assurément l'abbé Thuin; docile à la règle du séminaire, il vivait continuellement en Dieu et pour Dieu. Cette vie de foi fut l'aliment de sa vertu et donne le secret de cette force d'âme, de ce caractère bien trempé qu'on admirait en lui. »

Au collège de Roye déjà, Armand Thuin désirait ardemment entrer dans le tiers-ordre de Saint-François d'Assise: cette consolation lui fut donnée au début de son grand séminaire. Il fut admis à la prise d'habit le 3 janvier 1881, et choisit le nom de frère François. Ce même jour, il écrivait dans ses notes : « O saint François! je suis votre enfant, j'ai reçu votre saint habit entre une et deux heures. « Pénétrez-vous bien de l'esprit de charité et de pénitence « qui est celui de l'Ordre, me dit le Père Georges; pénétrez-« vous de l'esprit de la règle, accomplissez-en tous les devoirs, « et tous vos devoirs d'état; soyez un bon séminariste afin « d'être un bon tertiaire. » — O saint François! faites que je sois un bon tertiaire, un tertiaire comme vous le désirez, jusqu'à mon dernier soupir. Charité! Pénitence! — Ainsi soit-il[2]. » — 19 mars. « Avons-nous le droit de nous dire des enfants de saint François sans rougir, avons-nous le droit de porter le nom d'hommes mortifiés? Hélas! non, je n'en ai pas le droit. Si M. le supérieur assemblait la communauté pour dire aux élèves : *Soyez mortifiés comme les enfants de saint François*, pourrais-je y paraître sans rougir? Non! Il faut cependant en arriver là. Il me faut porter le scapulaire de la Passion sur tout le corps. Oui, mortification : en tout, partout contrarier la chair. Imiter saint François, mon Père et saint patron, l'homme le plus mortifié, le plus mort au monde qui ait existé, de telle sorte qu'il a mérité que Notre-Seigneur imprimât sur sa chair

1. Celui qui vit de la règle vit de Dieu. (S. Grégoire de Nysse.)

2. L'expulsion des Pères franciscains d'Amiens, au mois de novembre 1880, avait vivement affligé l'abbé Thuin : il conservait religieusement deux petits morceaux de la porte du couvent brisée en cette douloureuse circonstance.

ses stigmates sacrés. Soyons des hommes mortifiés, puisque nous en avons le titre, serrons-nous bien de la corde de la règle, observons-là, cette règle, dans toute sa rigueur. O saint François! ô saint Joseph! priez, priez pour un pauvre séminariste, et obtenez-moi de me mettre sérieusement à l'œuvre. »

A la fin de sa première année de séminaire, l'abbé Thuin fut appelé à recevoir la tonsure. Laissons-le parler lui-même. « Le samedi 7 mai, appel à la tonsure. Cinq heures du soir. « Cher ami, voulez-vous recevoir la ton-« sure? — Oui, monsieur le supérieur. — Eh bien! nous vous « appelons, nous n'avons pas de raison de ne pas vous « appeler : préparez-vous aux ordinations, au sacerdoce, et « d'abord à la tonsure.... » — Je vous remercie, mon Dieu, de m'avoir appelé à quitter enfin le siècle pour entrer dans la milice sainte; aidez-moi à m'en rendre moins indigne, donnez-moi le détachement du monde et l'amour des choses saintes, et ne permettez pas que je sois plus tard un ministre indigne, ôtez-moi plutôt la vie.... »

Impressions du jour de l'ordination : « Quel beau jour! On sent là quelque chose de la première communion. Les cérémonies y ont un cachet plus grave. Quel bonheur n'y éprouve pas le clerc! Il s'avance le surplis sur le bras, il s'agenouille et l'évêque lui coupe les cheveux en forme de croix, afin de marquer qu'il a renoncé aux superfluités, aux vanités du siècle pour se donner tout à Dieu par la croix. Oui, c'est par la croix que je dois régner sur mes passions. — Puis le clerc s'avance pour recevoir l'habit de chœur. Déjà la soutane me marque ma séparation complète d'avec le siècle, elle me marque que je dois être mort au monde ; l'habit de chœur me marque par sa blancheur que je dois vivre à Dieu par les bonnes œuvres, l'innocence de la vie, la pureté de cœur; il marque que je dois être un homme nouveau. Oh! oui, mon Dieu.... Quel beau jour! Tout n'était que joie céleste, félicité, bonheur tranquille tel que la terre n'en donne pas. C'est un reste de ce que j'ai goûté à ma première communion, le jour de la Trinité. Oh ! oui, Seigneur, votre joug est doux et votre fardeau est léger : vous servir, c'est régner. Je suis à vous pour l'éternité.... Mon Jésus, conservez-moi toujours dans les sentiments de ma première tonsure reçue, le 11 juin, des mains de Sa Grandeur Mgr Guilbert. »

En souvenir de sa consécration au Seigneur par l'entrée dans la cléricature, l'abbé Thuin garda toute sa vie une mèche de cheveux coupés pour sa première tonsure, « cette tonsure qui paraît si peu de chose, disait-il à sa mère, et qui cependant est chose sérieuse... car dans la tonsure on se donne tout entier au Seigneur, non pas d'une manière irrévocable comme au sous-diaconat, mais on prend le Seigneur pour son partage, et il me semble qu'une chose donnée ne peut se redemander ».

Un an plus tard vinrent les ordres mineurs. — 27 avril. « Eh bien ! Monsieur Thuin, nous vous appelons aux ordres mineurs : continuez d'être bien sage, bien pieux, et de travailler. Vous avez besoin de travailler, le bon Dieu ne vous a pas donné une intelligence hors ligne ; mais du courage, de la confiance en Dieu, et de la prière : avec cela on va loin. Préparez-vous bien aux ordres mineurs, entendez-vous avec votre directeur. — O mon Jésus ! éclairez mon directeur, et ne permettez pas que j'approche sans vocation, faites que je n'agisse que par l'obéissance. »

4 mai. — « Approchez aux Ordres Mineurs, me dit mon directeur. — Pour me préparer d'une manière plus particulière, il me faut me corriger du défaut le plus grand que j'aie à me reprocher cette année, le manque de confiance en Dieu ; ne pas me dire après une faute, ou lorsque je n'ai pas bien ou très bien fait quelque chose, ne pas me dire que je ne ferai rien, que je n'arriverai à rien : c'est le langage de l'orgueil déçu ; mais tout en ayant regret d'avoir mal fait, sans tristesse, ni découragement, me dire : j'ai mal

agi ; je réparerai, je ferai mieux : et, après avoir demandé la grâce de Dieu, me mettre à l'œuvre. »

Samedi, 3 juin 1882. — « Aujourd'hui, ô mon Dieu, vous me faites monter quatre degrés du sanctuaire.... Le sous-diaconat, voilà ce qui nous attend : les ordres mineurs sont le coup de grâce, le dernier avertissement par lequel l'Église nous excite à nous préparer avec soin au grand et irrévocable sacrifice.... Oserai-je faire le sacrifice à moitié ? C'est tout moi-même que je dois donner, moi tout entier.... Il faut donc faire un sacrifice entier ! Eh bien ! faisons-le maintenant... commençons-le maintenant... tranchons dans le vif.... »

Depuis le jour de son entrée au séminaire, l'abbé Thuin pensait sans cesse au sacerdoce et au sous-diaconat, non pas d'une façon purement spéculative, comme il se le reproche fréquemment, mais bien pour se préparer sérieusement. Il avait la plus haute estime des ordres sacrés. « Il faut, se disait-il à lui-même dans sa seconde année de séminaire, il faut que je respecte tous les séminaristes, mais surtout les sous-diacres et les diacres : il y a entre eux et moi une distance infinie. » Quand vint l'époque de l'ordination, il fallut donner des ordres au pauvre minoré si plein de défiance, et l'obliger à devenir sous-diacre.— 12 avril 1883. « Appel de M. le supérieur au sous-diaconat : Le moment est « venu d'avancer, je vous ordonne d'avancer. » — Le 17 avril, appel de mon directeur au sous-diaconat : « Avancez au sous-« diaconat. » — Le 28 : « Je ne vous ai pas ordonné d'avancer, « mais, s'il en était besoin, je vous en donnerais l'ordre : mar-« chez sans crainte.... » Mon Dieu, puisque vous le voulez, je serai sous-diacre, malgré toutes mes craintes, toutes mes appréhensions : je suivrai votre volonté exprimée par l'ordre de mon directeur, certain de bien faire en obéissant, certain aussi que traîné au saint autel, où cependant je me donne à vous tout entier, je n'aurai pas à craindre d'être téméraire, certain d'avoir votre grâce puisque vous-même me choisissez. Oui, je l'affirme, ce n'est que sur l'ordre de mon directeur que j'approche; et cependant c'est avec bonheur. »

« Retraite préparatoire au sous-diaconat... C'est bientôt que je dois, nouvel Isaac, gravir la montagne sainte pour y consommer le sacrifice et m'y immoler tout entier au Seigneur : oui, c'est bientôt, et je n'y pense pas.... Oh ! que l'engagement est terrible ! Oui, il en est temps encore; ô mon Dieu ! si je dois n'être pas fidèle, ne permettez pas que j'avance; et, si vous permettez que j'avance, ne permettez pas que je me relève; et, si vous permettez que je me relève, inspirez-moi de fortes résolutions, des résolutions énergiques; et donnez-moi la grâce d'y être toujours fidèle.... Plutôt mourir avec votre grâce que d'être parjure ! Mon Dieu, ne permettez pas que je souille jamais cette robe que vous allez me donner, défendez-la contre la dent des bêtes féroces, et, si je dois être infidèle, encore une fois, frappez-moi.... Si je ne dois pas vous aimer dans l'autre vie, faites au moins que dès cette terre je vous aime de tout mon cœur, de toute mon âme, de toutes mes forces, de tout mon être par ma fidélité à mes deux grands devoirs : la *Virginité*, que je place dans votre Cœur Sacré, ô Jésus, et dans le Cœur immaculé de Marie; et la *Récitation du saint office*, que je confie à saint Joseph. »

19 mai 1883. — « Sous-diaconat. Consécration à la sainte Vierge. *Tuus sum ego, o Maria, salvum me fac*[1]. O ma Souveraine, ô ma Mère, je me donne à vous; et, pour vous prouver mon dévouement, je vous consacre aujourd'hui, par le vœu solennel de chasteté, mes yeux, mes oreilles, ma bouche, mon cœur, mon intelligence, ma volonté, tout moi-même, toute ma vie. Et, puisque je vous appartiens, gardez-moi, protégez-moi comme votre bien et votre propriété. Ainsi soit-il. »

1. Je vous appartiens, ô Marie, sauvez-moi.

En annonçant sa prochaine ordination, et en réclamant des prières et le pardon de ses fautes, l'abbé Thuin avait fait une demande à ses parents. Comme ils pouvaient se rendre à plusieurs autres églises aussi facilement qu'à celle de leur paroisse, il les priait d'assister à la proclamation de ses bans à Amy. « A l'occasion des bans, cela vous coûtera peut-être un peu ; mais, autant que possible, qu'on ne remarque pas votre absence : il me semble qu'il conviendrait fort peu que les parents d'un futur prêtre, d'un futur sous-diacre, soient absents au moment où l'on publie ses bans. Du reste, vous aurez le plaisir de voir comment la chose se fait.... Ne devrait-on pas vous voir à la messe les plus nombreux possible ? Je compte sur vous ; car il serait fort peu convenable qu'au moment où M. le curé demandera des prières pour le futur sous-diacre, vous ne soyez pas là vous-mêmes aux pieds de Notre-Seigneur à prier pour lui. »

Les vacances de l'abbé Thuin n'étaient pas moins bien sanctifiées que le temps passé au séminaire. A ses yeux les vacances étaient non seulement une épreuve pour assurer l'avenir, mais encore un moyen de réparer les scandales que l'on a pu donner autrefois à ses compatriotes.

Il se traçait et faisait approuver par son directeur un règlement fort détaillé, qu'il observait avec la plus grande exactitude. « Le règlement est nécessaire pour briser la volonté, la fortifier par le sacrifice, et ne rien laisser au caprice. Il me faut une règle, si je veux être un prêtre sérieux. De la régularité donc : je serai dans le ministère ce que je suis pendant les vacances; il me faut me former. » Durant ses vacances encore, son directeur devait lui prescrire de modérer son ardeur au travail. Ses exercices de piété ne différaient de ceux du séminaire qu'en ce qu'il les multipliait et les prolongeait. Il s'attachait à ne jamais passer devant l'église sans y entrer quelques minutes.

« S'il est un temps où l'on a besoin de causer avec Notre-Seigneur, c'est surtout pendant les vacances. »

Une grande consolation pour l'abbé Thuin était de faire un peu de cathéchisme aux enfants arriérés. Une année il eut la bonne fortune de concourir à préparer une première communion à Verpillières, dans la Somme, M. le curé d'Amy se trouvant chargé de desservir ce hameau. Les enfants dont il s'est occupé, et qui sont aujourd'hui de grands jeunes gens, se rappellent encore avec bonheur et reconnaissance les soins du pieux abbé.

Quoique né dans le diocèse de Beauvais, Armand Thuin était entré au grand séminaire d'Amiens, parce que sa famille était originaire de Picardie, et qu'il avait fait ses études secondaires dans le diocèse d'Amiens. Ne pourrions-nous pas dire que la Providence disposait toutes choses pour faire connaître à M. Thuin les enfants de saint Vincent, et l'amener à entrer dans la Congrégation de la Mission? Armand semble avoir eu à Saint-Riquier la première pensée d'entrer en communauté. Au grand séminaire son directeur lui recommanda de prier, lui montra comme une précieuse sauvegarde la compagnie et l'expérience de sa bonne mère, et le rassura contre les craintes que lui inspiraient le ministère paroissial et la solitude où se trouvent les curés de nos campagnes. Mais la grâce agissait et Dieu faisait entendre sa voix plus clairement. « Il en coûtera sans doute à la nature, le grand sacrifice sera pénible; mais c'est pour Dieu que je le ferai, et je me procurerai à moi et à ma mère les plus grands avantages spirituels; ma mère elle-même se sentira plus heureuse. Dieu est là avec la grâce. » — 9 novembre 1883. « C'est décidé.... Mon Dieu, acceptez cette démarche pour votre plus grande gloire; que je la fasse avec humilité et amour, tout simplement, continuant mon train de vie ordinaire. »

La peine qu'allait éprouver sa tendre mère était la grande et unique préoccupation d'Armand. Toujours délicat et pratique, il ne lui annonça pas directement sa résolution de quitter le grand séminaire. Durant les vacances il avait doucement préparé cette pieuse femme au sacrifice, mais sans lui exprimer catégoriquement son désir d'entrer en communauté. Ce fut M. le supérieur du collège de Roye qui fit connaitre à Mme Thuin la détermination de son fils. Veuve, âgée, ayant perdu un de ses fils à l'âge de vingt et un ans, toujours tremblante pour la santé de ce dernier enfant qu'elle craignait maintenant de voir partir pour les missions lointaines, la pauvre mère eut le cœur brisé. Toutefois après un voyage de l'abbé Thuin à Amy, cette généreuse chrétienne ne fit plus qu'une réclamation : elle exigea une déclaration du médecin constatant que son fils avait assez de santé pour le nouveau genre de vie auquel il aspirait. L'avis du médecin ayant été favorable, Mme veuve Thuin consentit à ce départ qui brisait toutes ses espérances.

L'abbé Thuin quitta Amiens le 21 décembre 1883. Son départ causa les plus vifs regrets à ses condisciples, qui, depuis plus de trois ans, voyaient en lui *le modèle du séminaire*.

III

LA MAISON-MÈRE

LE BERCEAU DE SAINT VINCENT

Christi bonus odor sumus.
Nous sommes la bonne odeur de Jésus-Christ. — II Cor., II, 15.

La grande tendresse de l'abbé Thuin pour sa mère rendit son sacrifice bien méritoire. Il étudia sa vocation pendant trois ans, et ne quitta le grand séminaire qu'après son sous-diaconat, parce que, dans son humilité, il ne pouvait se décider à croire que Dieu le choisît pour devenir son ministre; mais la crainte d'imposer à sa mère une peine inutile eut aussi une bonne part dans ce délai. Il n'omit rien pour consoler cette mère chérie. « Accompagné d'un de mes chers directeurs, lui écrivit-il bientôt, je suis arrivé ici [1] le vendredi soir, 21 décembre. La première impression que je ressentis en entrant, pour la première fois, dans ce pieux asile, fut excellente. Je fus vivement touché de cet esprit de charité, d'union, de douceur, de simplicité qui règne ici. Les nouveaux venus sont reçus tout paternellement par les supérieurs et tout fraternellement par les élèves.... Je suis ici très heureux, je m'y sens à ma place, et dès le premier jour j'y étais à l'aise. Je te remercie de m'avoir permis de répondre à la voix du bon Dieu. Il saura bien te récompenser du sacrifice que tu as généreusement fait pour lui. D'abord tu auras la consolation de me savoir là où je dois être, et par conséquent heureux, malgré le sacrifice pénible à la nature, mais toujours possible avec la

1. L'ancien prieuré de Saint-Lazare, qui avait fait donner aux prêtres de la Mission le nom de Lazaristes, ne leur fut pas rendu. En 1817 ils reçurent du gouvernement, pour y établir leur nouvelle maison-mère, l'ancien hôtel du duc de Lorges, rue de Sèvres, 95.

grâce de Dieu. Puis le bon Dieu saura bien compenser le vide fait par mon absence : confions-nous bien simplement en lui et aimons avant tout sa volonté, il sait mieux que nous ce qu'il nous faut.... Ici on est vraiment dans un lieu de délices, tout porte à Dieu, l'âme est inondée de consolations, et, en retour des sacrifices faits pour lui, Dieu se montre infiniment généreux : c'est ce qui m'explique la gaieté, le calme, la paix qui règnent ici. Je te laisse sur cette pensée, ma bien chère mère, qu'on se trouve toujours bien de faire la volonté de Dieu. » Quelques mois plus tard il écrivait encore : « Naturellement mon absence est pour toi un sacrifice... mais ce sacrifice, accepté en vue du salut des âmes et de la gloire de Dieu, te procurera la récompense promise par Notre-Seigneur à ceux qui font ces sortes de sacrifices. Le salut d'une seule âme ne vaut-il pas la peine que l'on s'impose quelques sacrifices ? On ne peut donner ses enfants pour une plus noble cause. Sois sans inquiétude : le bon Dieu sait tout arranger pour le mieux. »

Après la retraite d'usage, le frère Thuin fut admis au séminaire interne[1], le 27 décembre 1883, jour de la fête de l'apôtre saint Jean. Son bonheur y eût été complet sans les préoccupations et les anxiétés dont il ne put jamais se débarrasser entièrement. Il se croyait sans cesse coupable, là où il n'y avait aucune faute. Éprouvait-il un mouvement d'amour-propre immédiatement réprimé : il s'accusait d'impatience et d'orgueil. Avait-il quelque distraction dans ses exercices de piété : il prétendait ne faire ni oraison ni prières. Avec son grand esprit d'observation, apercevait-il quelque manquement : il se croyait coupable de jugement téméraire, de critique, de faute grave contre la charité. A Amiens il notait chaque jour ses manquements pour en rendre compte à son directeur. A Paris il conti-

1. Le noviciat s'appelle séminaire interne, et les novices se nomment séminaristes. Les séminaristes et les étudiants n'ont que la qualification de frère jusqu'à la prêtrise.

nuait la même pratique; mais de plus il écrivait une appréciation sommaire de chaque journée. Bien rares étaient les jours où il n'était pas mécontent de lui-même. — 26 mars. « Pas de méditation. Pas de vie spirituelle. Vie animale. Est il possible d'être au milieu du feu et de ne pas brûler? Saint Joseph, au secours. » — 27 mars. « Il y a aujourd'hui trois mois que je suis entré au séminaire. *Ad quid venisti*[1]? Hélas! que d'abus de grâces! Pas de vie d'oraison. Que j'ai à m'humilier! Je perds le temps ici.... *Aut muta nomen, aut muta mores*[2]. Mon Dieu, pardonnez-moi. Saint Joseph, je vous en conjure, obtenez ma conversion. » — 28 mars. « Peu d'oraison. Pas de résolutions. Vie extérieure et se bornant à des sentiments. O saint Joseph, aidez-moi à sortir de cet état de langueur. » — 1er avril. « Un peu de méditation. Résolution : tout faire avec soin pour la plus grande gloire de Dieu. Journée : Pas assez de recueillement, d'humilité, d'activité. Trop attaché à mes idées. Ce soir, à la vue de Judas qui se perd en la compagnie de Jésus, je me suis humilié, et j'ai demandé à Dieu de venir à lui avec humilité. » — 19 mai. « Anniversaire de mon sous-diaconat. Un peu d'oraison. Sentiments de reconnaissance pendant la journée. Pas assez d'humilité et d'esprit d'obéissance. Allons, en avant, ma pauvre âme. Immense besoin de prière, d'humilité, de confiance en Dieu, de charité, pour édifier le *prêtre de la Mission*. A l'œuvre, à l'œuvre! O Marie conçue sans péché! obtenez-moi lumière et force. Convertissez mon cœur afin que je n'aime plus que votre divin Fils, que je l'aime de toutes mes forces sur la terre, si je ne dois pas l'aimer dans le ciel. Ah! je vous en conjure, obtenez-moi cette grâce, ô Marie conçue sans péché! » — 5 juin. « Ce matin pas de méditation, lutte contre le sommeil. Pendant la journée, beaucoup de vanité, pas assez de gaieté. Ce soir un peu d'oraison : le cœur de Notre-Seigneur m'a accordé

1. Dans quel but es-tu venu?
2. Ou change de nom, ou change de conduite.

quelques grâces. *Deo gratias.* » — 9 novembre. « Oraison assez bonne, cependant fautes contre la charité, pas assez d'esprit de soumission. » — 19 novembre. « Qu'as-tu fait des grâces nombreuses, des grâces de choix du séminaire? N'es tu pas un figuier stérile? Il te faut non pas une piété tout extérieure, mais une vertu solide et pratique. Répare autant qu'il est en ton pouvoir. Il me semble que je suis là où Dieu me veut. J'ai demandé à Notre-Seigneur, après la sainte communion, l'esprit d'oraison, l'amour de la vocation, de l'humilité, de l'obéissance. Seigneur ayez pitié de moi. »

M. le directeur du séminaire interne résume en quelques mots la vie du frère Thuin à Saint-Lazare. « Il a toujours été très attaché à sa vocation. Au séminaire comme aux études, il comptait au nombre de nos jeunes gens les plus pieux. Ses anxiétés rendaient sa piété un peu sombre, mais elle était bien constante et bien généreuse. Il était régulier jusque dans les plus petites choses. Il se montrait bien docile aux avis qu'on lui donnait pour s'exercer à rendre sa piété plus confiante et plus agréable. Je ne doute pas que cette tendance au scrupule, qui lui est restée jusqu'à la fin, n'ait été, pour ce cher et regretté confrère, l'occasion de faire un grand nombre d'actes de vertu, et d'acquérir une bonne provision de mérites, dont il a reçu la récompense dans le ciel. »

Un compagnon du frère Thuin nous redit pareillement ce que fut ce vertueux jeune homme dans notre maison-mère. « J'ai eu l'avantage de connaître M. Thuin au séminaire interne, et, comme tous ceux qui l'ont connu, j'en ai conservé le souvenir le plus édifiant. Un seul mot, le plus élogieux qu'on puisse dire d'un homme, résume et caractérise sa conduite : *C'était un homme de devoir.* Connaître et accomplir son devoir, tel était, ce semble, l'unique désir de son âme. Aussi du jour où, pour le satisfaire, il n'eut qu'à suivre de point en point une règle détaillée, il embrassa avec amour cette règle et jamais ne forligna.

Il agissait d'ailleurs en tout si simplement et à si petit bruit qu'il fallait quelque attention pour remarquer tout ce que sa conduite avait d'édifiant; et, dans le fait, avec son caractère naturellement assez froid et assez peu expansif, M. Thuin laissa toujours deviner en lui plus de mérite qu'il n'en laissa paraître. Il était toutefois assez connu pour s'attirer l'estime de tous; et, si l'on avait demandé aux séminaristes de désigner parmi eux ceux que distinguaient tout particulièrement une vertu solide et une piété fervente, M. Thuin aurait certainement été nommé un des premiers. Il s'étudiait, avec une constance qui ne se démentit jamais, à corriger ce que son caractère pouvait avoir de trop austère : aussi le voyait-on en récréation accommoder le sérieux d'un homme du Nord à l'humeur moins philosophique des hommes du Midi et prendre part à des joyeusetés qui n'étaient pas toujours de son goût. Très sensible aux marques d'attention qu'on lui donnait, il montrait, mieux que par des protestations chaleureuses, l'affection qu'il avait pour ses confrères, en évitant avec le plus grand soin tout ce qui pouvait les contrarier. Sa charité dans les conversations était vraiment remarquable; il pensait et disait le plus de bien possible du prochain, et jamais la médisance n'effleura ses lèvres. Les vertus qui font l'objet de nos vœux étaient pratiquées par lui avec une perfection particulière. Ceux qui l'ont connu savent avec quelle discrétion et quel soin il usait des choses qui étaient à son usage, avec quel respect il parlait de ses supérieurs, enfin avec quelle incomparable délicatesse il écartait toute parole qui eût put rappeler, même vaguement, une idée moins honnête. La piété était le trait saillant de sa conduite. Quiconque a vu M. Thuin faire ses oraisons, ses communions, ses visites au Saint-Sacrement; quiconque l'a entendu parler, soit aux conférences ou répétitions d'oraison, soit même en récréation, conserve de lui le souvenir d'un homme éminemment pieux. »

Entre toutes les pratiques de dévotion, le frère Thuin affectionnait le chemin de la Croix. Voici comment il en parlait un jour à son directeur : « Je l'ai omis quelquefois, mais à regret; cet exercice est ordinairement pour moi une source de lumière, de consolation, de force; j'en sors meilleur, plus disposé à suivre Notre-Seigneur, plus attaché à la vertu, plus affectionné à ma vocation. » Il avait d'ailleurs une tendre dévotion à la Passion et au crucifix. Il en donne une preuve dans ces lignes touchantes écrites à la suite d'une instruction entendue au grand séminaire d'Amiens. « Le séminariste et son crucifix.— L'arbre de vie, le divin crucifié, oh ! oui, voilà l'ami le plus tendre, le plus sincère, le seul véritable ami du séminariste. Quel échange de sentiments entre ces deux amis : ils ont toujours quelque chose à se dire ! O Jésus ! ce sentiment délicat était digne de vous ! Non, vous ne pouviez disparaître à nos yeux sans nous laisser votre portrait. Dans l'Eucharistie vous demeurez réellement, mais nous ne pouvons vous y voir. Nous sentons votre présence lorsque votre cœur palpite d'amour contre notre pauvre cœur, lorsque votre amour nous embrase après la sainte communion; mais nous ne vous voyons pas : aussi vous nous avez laissé un mouvement de votre amour, le crucifix ! Là je puis jeter un regard d'amour sur votre image, y déposer un baiser et l'arroser de mes larmes. Que dis-je, de mes larmes ? Non, je suis trop sec, j'ai le cœur trop mauvais, trop corrompu : j'aime tout excepté vous, ô mon Dieu ! Quand je le tairais, vous le savez bien, non je ne vous aime pas. Et cependant ce petit crucifix que je tiens dans la main, que j'ai sous les yeux, c'est l'image de mon Dieu ! Quel immense abîme d'amour ! Ne dit-il rien à mon cœur, ce divin Jésus ? Oh ! que n'ai-je pour l'aimer le cœur tout brûlant d'amour d'un François Xavier, inconsolable d'avoir perdu son crucifix; le cœur enflammé de mon séraphique François d'Assise, cet amateur désespéré de la pauvreté et de la croix, lui dont les yeux étaient devenus deux fontaines jaillissantes, tant il les avait fixés toujours sur Jésus crucifié ! O amour ! non, je ne t'aime pas !... Jésus meurt pour toi, pour toi il accepte toutes les ignominies, toutes les souffrances : et toi, ô mon âme, tu ne veux rien faire pour son amour ! Où sont tes expiations ? Où est ta vie de pénitence et d'amour ? Ingrat ! répondras-tu toujours à l'amour par l'ingratitude, seras-tu toujours indifférent sur le salut de ton âme ? Des œuvres, des œuvres ! Ne perds pas de vue que le prêtre ne se damne pas seul. Oh ! quel malheur effroyable si je causais la perte d'une seule âme ! Quoi ! le sang d'un Dieu me trouverait insensible ?... O Jésus ! ne me quittez pas, restez sur ma table : votre vue me fortifie dans l'épreuve, me console dans la tristesse ! Vous êtes mon meilleur ami : dans les tentations vous me soutiendrez, dans les difficultés vous m'éclairerez....Vous pressant contre mon cœur je vous dirai : Vous seul, ô mon Dieu ! vous seul et pour jamais ! Que mon cœur batte, ô mon Dieu ! qu'il batte, mais qu'il ne batte que pour vous ! Oui, bientôt des liens étroits vont resserrer cet amour désormais éternel !... O Jésus ! restez toujours avec moi, ou plutôt que je reste toujours avec vous ! Reposez toujours sur ma poitrine ; et que votre image, que j'y placerai bientôt, y soit encore à mon heure dernière, et qu'elle me suive dans la tombe, lorsque mon âme ira reposer dans le sein de la bienheureuse éternité, où règne souverainement l'amour que vous êtes venu apporter sur la terre ! »

Le 6 janvier 1885, le frère Thuin fit le bon propos, cet acte par lequel, après un an de vocation, sans prendre encore un engagement irrévocable, on dit au Seigneur son vif désir de vivre dans la pauvreté, la chasteté, l'obéissance et le service des pauvres. L'humble séminariste se croyait fort peu avancé dans la pratique de ces vertus ; mais il désirait ardemment les posséder. Le 6 janvier fut pour lui une douce journée. « Qu'il fait bon de se donner à Dieu sans réserve, et de prendre saint Vincent pour Père! Vous m'avez invité, ô bienheureux Père, à marcher à votre suite dans la voie des humiliations et d'une mortification universelle, dans l'abnégation de la volonté et la mort du jugement : bénissez-moi, recevez-moi pour votre enfant et obtenez-moi la grâce de servir Dieu toute ma vie, sinon par l'effusion du sang, au moins par le martyre continuel et entier de l'obéissance religieuse.

A l'approche des saints vœux les épreuves redoublèrent, sans doute afin que la victime fût plus pure et plus agréable à Dieu. Les sécheresses, les scrupules, les idées sombres, les craintes désolèrent ce pauvre cœur si avide de perfection.

Depuis quelque temps tout l'enfer semble déchaîné contre moi : c'est un siège en règle et sur tous les points. Ne permettez pas, ô mon Dieu! que je fasse les vœux si je dois être infidèle. Mettons notre directeur à l'aise, pour qu'il puisse prendre une resolution même penible. *In manus tuas, Domine.* Ne permettez-pas que je sois un obstacle au bien.... Quant à faire les vœux, je m'en tiendrai strictement à la décision de mon directeur : je ne veux rien prendre sur moi, et je ne veux agir que par obéissance, comme pour le sous-diaconat. Avant tout je veux laisser toute liberté à mes supérieurs.»—23 décembre. « Chez M. le directeur. « Allez aux saints vœux, me répondit-il après que « je lui eus demandé sa volonté, lui affirmant que je m'en « tiendrais strictement à sa parole. Préparez-vous aux saints « vœux, donnez-vous à Dieu. » *In manus tuas, Domine, commendo spiritum meum. Mihi adhærere Deo bonum est* [1]. La mort par l'immolation, par les vœux. Tout à Dieu et aux pauvres : désormais je ne m'appartiendrai plus. O Congrégation de la Mission! que tu es belle, que tu es aimable! O Père! qu'il est bon de marcher sur tes traces, en compagnie de nos frères aînés, au service de Notre-Seigneur

1. Seigneur, je remets mon esprit entre vos mains. Il est bon pour moi de m'attacher à Dieu.

et des pauvres ! En avant avec courage et confiance. Pas de demi-sacrifice. Tout à Dieu ! » — 7 janvier 1886. « Jour des saints vœux.... O riche vocation, trésor de grâces ! Ne permettez-pas, ô mon Dieu, que je sois jamais arraché du sein de ma Mère !... Oui, pauvreté, ô mon Jésus ! chasteté, obéissance, service des pauvres. Toujours amour et sacrifice ; sacrifice et amour toujours !... »

Aux études, la vie du frère Thuin ne fut pas moins fervente que durant son noviciat : il s'agissait d'ailleurs pour lui de se préparer immédiatement au sacerdoce, dont il avait une si haute idée, et dont il se jugeait si indigne. Son ardeur au travail nous est connue. S'il n'était pas un sujet brillant, nous savons qu'il était un sujet sérieux et solide. L'ordre et la précision règnent dans tous ses travaux : tout est analysé avec le plus grand soin et la plus grande clarté. L'Écriture-Sainte fut toujours pour M. Thuin l'objet d'une application spéciale. Jusqu'à sa mort l'étude de la Bible et de la théologie occupa tous ses instants de loisir. Il ne recherchait pas la science pour elle-même, ou pour sa satisfaction personnelle, mais pour le bien des âmes. A l'époque du diaconat, qu'il reçut le 7 mars 1886, il éprouvait un grand désir de consacrer sa vie à l'instruction des infidèles. Sa santé, qui fut dès lors bien chancelante, empêcha la réalisation de ce projet.

Le 19 juin suivant, M. Thuin recevait la prêtrise. Les suaves émotions de son âme en ce grand jour nous resteront inconnues. Le cahier où elles étaient consignées a sans doute été détruit par lui, deux jours avant sa mort, avec les autres papiers qu'il jeta au feu[1]. Nous avons seulement la lettre par laquelle il annonce à sa famille l'approche de son ordination : « Je vais donc être prêtre, ma

1. Avant son décès, M. Thuin voulait détruire les écrits où nous avons puisé une grande partie des pages qui précèdent ; mais le manque de forces et la lenteur calculée mise à lui porter ce qu'il réclamait, nous conservèrent ces précieux renseignements sur une vie bien édifiante.

bien chère mère. A cette pensée, je ne sais comment m'exprimer ni que dire : tu comprends mon bonheur; mais le sacerdoce exige tant de vertu, de sainteté, il impose de si lourds fardeaux, et puis le temps qui nous sépare de l'ordination est si court ! Mais bref, allons au pratique : c'est vous exprimer mon immense besoin de prières. Ne m'oubliez pas, surtout à la fin de ce mois de Marie : à vous de faire ce que vous jugerez à propos, à cette intention.... »

Au commencement du mois d'août, M. Thuin fut envoyé aux eaux de Cauterets, qui pouvaient lui être utiles pour sa maladie de poitrine. Sa famille eût beaucoup désiré le posséder quelques jours après son ordination; mais le nouveau prêtre se refusa cette consolation. A M. le curé d'Amy qui eût voulu l'avoir pour sa première messe, il avait répondu : « Ce ne serait pas là suivre la voie du sacrifice qui m'a été tracée par tant de généreux missionnaires. » A ses parents, il écrivait avant son départ : « Je sais que je vous impose un sacrifice; mais si du côté de la famille le sacrifice existe, il est aussi du mien. Je comprends qu'il vous en coûte, à vous surtout que je n'ai pas eu le bonheur de revoir depuis mon départ[1]; mais, pour ne pas vous revoir cette année, je ne vous en aime pas moins, et je n'en penserai pas moins à vous. Nous ne serons pas séparés par la distance ! » Il ne devait plus revoir aucun de ses parents. Malgré sa tendresse pour sa mère il ne céda point aux instances qui lui furent faites, les années suivantes, pour le déterminer à un voyage dans son pays. Il répondit en demandant si ses cousins partis pour l'armée étaient revenus tous les ans ou tous les deux ans, ajoutant : « Un missionnaire est-il donc moins tenu au sacrifice qu'un soldat ? » Et à sa mère il écrivait : « C'est bien long! diras-tu. Et puis tu n'as pas vu la famille depuis ton départ ! — C'est vrai, mais ne faut-il pas vivre de sacrifices ? »

1. Quelques membres de sa famille avaient assisté à son ordination.

M. Thuin fut placé au berceau de saint Vincent[1], dans les Landes : il y arriva le 25 août 1886, et fut chargé de surveiller les élèves du petit séminaire pendant les études. C'est tout ce que sa faible santé lui permettait de faire. Il ne commençait sa surveillance qu'après dix heures; et, à certaines époques, ce travail même était trop rude pour ses forces épuisées : toutefois il était bien difficile d'aller à son secours. Loin de se plaindre, il cherchait toujours à rendre service à ses confrères, et s'ingéniait pour les remplacer; mais il ne voulait pas consentir à ce qu'on vînt à son aide, même quand sa fatigue était plus grande, se disant inutile et à charge aux autres. Il fallait alors mettre en avant la volonté du supérieur; et, comme il s'agissait d'obéir, les objections cessaient à l'instant. Il fit souvent plus qu'il ne pouvait, tout en se reprochant d'être lâche et sans énergie ; les enfants le voyant souffrir, se traîner avec peine et se mordre la lèvre pour ne pas trahir les douleurs qu'il éprouvait, admiraient son calme, sa patience et son dévouement. Son zèle eût réclamé une vie plus active; mais dans l'impossibilité d'annoncer l'Évangile aux contrées lointaines, il se résignait. Avant d'arriver au pays qui a vu naître saint Vincent, il écrivait à sa mère. « Je suis heureux que l'obéissance m'applique à cette œuvre intéressante, elle répond parfaitement à mes goûts; et, dans l'impossibilité actuelle d'aller porter la foi aux infidèles, j'aurai peut-être, comme compensation, la douce consolation de leur former quelque apôtre. Et puis, saint Vincent a tant fait pour les Picards : il est bien juste que quelque Picard aille s'occuper un peu de ses compatriotes. »

Travailler immédiatement au salut des âmes eût été une

1. Établissement inauguré le 24 avril 1864, au lieu de la naissance de saint Vincent. On y trouve une petite représentation de ses œuvres : les prêtres de la Mission, les Filles de la Charité, un petit séminaire pour des enfants pauvres, une école professionnelle et un orphelinat pour les garçons, un orphelinat et deux classes externes pour les filles, un hospice pour les vieillards hommes et femmes.

grande consolation pour M. Thuin : il lui fut seulement donné de faire, pendant trois mois mois, le catéchisme de première communion aux jeunes filles de l'orphelinat. L'aggravation de sa maladie l'empêcha de continuer cette œuvre à laquelle il se livrait avec tant de sollicitude, préparant chaque leçon avec un soin admirable, et corrigeant minutieusement les petites rédactions de ces jeunes enfants.

La vie de M. Thuin au Berceau fut une perpétuelle édification. Quoiqu'il fût un peu long dans la célébration des saints mystères, les enfants étaient heureux de lui servir la messe à cause de la vive piété qui se voyait en toute sa personne. Quand il présidait un exercice, il ne commençait jamais la prière avant que tout le monde ne fût parfaitement recueilli ; et sa tenue modeste était une prédication continuelle. Si parfois les enfants le voyaient dire le bréviaire, ils le comparaient à un ange : mais, pour lui, son désir de s'acquitter parfaitement de cette fonction sainte le jetait souvent dans l'inquiétude ; et, les derniers mois de sa vie, alors qu'il ne pouvait même pas répondre au chapelet qu'on récitait en sa présence, il se préoccupait encore de l'obligation de l'office divin, et demandait si vraiment il s'en trouvait dispensé. A l'époque de son sous-diaconat, il s'était proposé de réciter toujours le bréviaire dans une posture respectueuse, évitant toute mollesse dans la tenue. Jusqu'au bout il fut fidèle à cette résolution. D'ailleurs il n'avait jamais qu'une posture correcte et mortifiée, ne recherchant en rien ses aises malgré ses fatigues et ses souffrances. Pour se mettre en garde contre la routine, il avait, dans la récitation de l'office divin, diverses intentions particulières qu'il variait chaque jour. A la fin il s'était même fixé une intention spéciale pour chacune des heures.

La chambre de M. Thuin était toujours parfaitement en ordre, mais d'une grande simplicité. Sur sa table étaient son crucifix et quelques pieuses images, qu'il avait devant les yeux durant ses prières et son travail assidu. Ses vêtements étaient de même très propres, mais sans aucune recherche. Jusqu'aux dernières semaines de sa vie il trouva le moyen de porter la barrette qu'il avait reçue à la maison-mère; et si quelque enfant le plaisantait sur l'antiquité de cette barrette : « Je veux la garder autant que possible, répondait-il, afin qu'elle me rappelle l'esprit du noviciat. »

Bien des fois les enfants essayèrent de le faire parler un peu de lui-même : ce fut peine inutile; il ne voulut pas même leur dire le nom de son village. Jamais nous ne sûmes qu'il eût quelque connaissance de l'anglais et de l'allemand, ni qu'il eût appris à toucher l'harmonium : cependant nous avons des Allemands dans la maison, de plus les harmoniums ne nous font pas défaut et M. Thuin s'est souvent trouvé en face d'un, mais sans jamais y porter les doigts. Il ne parlait pas davantage de ses confrères, sinon parfois dans l'intimité pour dire qu'il serait heureux de ressembler à tel ou tel. S'il disait un mot de quelque élève, ce n'était qu'à ceux qui pouvaient être utiles à cet enfant et lui donner un bon avis. Sa conversation, bien que sérieuse, était néanmoins agréable aux enfants eux-mêmes, elle était pleine de charmes et assaisonnée souvent de quelque bon mot toujours charitable. Sa réserve et son amour de l'obscurité et du silence étaient connus de tous. Il craignait toujours de déranger et de gêner; mais il ne laissait jamais rien apercevoir des dérangements qu'il éprouvait lui-même. Il ne se plaignait que d'être l'objet de trop de soins, et il semblait heureux si on pouvait avoir quelque oubli à son endroit. Y avait-il un malade, M. Thuin ne manquait pas de lui faire sa petite visite, de lui dire un bon mot pour l'égayer, de le porter à sanctifier ses souffrances, et de lui rendre quelque petit service s'il le pouvait. Plus d'un espiègle essaya de le faire sortir de son calme et de sa patience, mais la douceur régnait toujours dans ses actes et dans ses paroles. Il encourageait fréquemment ceux qui avaient bonne volonté et désiraient devenir meilleurs. Il recommandait beaucoup d'agir par esprit de foi, pour faire plaisir au bon Dieu. Venant de tout autre ses observations eussent souvent froissé l'amour-propre ; mais il y mettait tant de bonté, de simplicité et de délicatesse, il exerçait un tel ascendant, que ses remontrances étaient toujours bien reçues. Il savait du reste choisir le moment favorable. Quelque enfant se montrait-il froissé et de mauvaise humeur, M. Thuin ne disait rien, mais le soir ou le lendemain, quand la première impression était calmée, il trouvait moyen de joindre le mécontent ; puis, tout en disant qu'il n'était pas infaillible et pouvait se tromper, il faisait souvenir le coupable de ses petits manquements, l'encourageait avec la plus grande mansuétude et le laissait dans les meilleures dispositions. Dans certains cas, particulièrement lorsque l'élève s'était montré peu respectueux, à la petite remontrance s'ajoutait une image ou une poignée de bonbons avec une phrase comme celle-ci : « Je ne sais pas si ce que je vous ai dit vous a fait du bien ; mais ceci ne vous fera pas de mal. » — « Mon ami, dit-il un jour à un espiègle, je vous ai vu plusieurs fois me contrefaire ; mais comme vous faisiez cela en silence, et que vous ne vous attaquiez qu'à moi, je ne vous ai pas donné une mauvaise note. »

Le 19 mars, le front sérieux et austère du surveillant se déridait et s'épanouissait. Sans que la discipline en souffrit, il parcourait l'étude, remettant une image de saint Joseph à chacun de ceux qui portaient le nom de ce glorieux patriarche. « Vous êtes heureux de vous appeler ainsi », dit-il plusieurs fois.

Au mois d'août 1888, M. Thuin revint des eaux de Cauterets avec une petite toux de mauvais augure. Une certaine amélioration se montrait cependant dans l'état général du malade ; mais la toux augmenta et amena bien des souffrances et des actes de résignation. A la fin de janvier, M. Thuin s'arrêta complètement, tout désolé de donner à ses confrères un surcroît de travail. A ceux qui le plaignaient de son triste état il répondait : « Ces messieurs sont plus à plaindre que moi, surchargés d'ouvrage comme ils le sont. »

A notre maison-mère déjà M. Thuin comprenait combien sa santé était chancelante. « Facilement je succomberai de la poitrine », disait-il au directeur du séminaire interne, vers la fin de sa seconde année de vocation. Plus d'une fois, après sa prêtrise, ses paroles montrèrent sa résignation et son attente d'une mort prochaine. Un jour entre autres, à un jeune homme lui parlant de sa santé, notre confrère répondit avec son grand esprit de foi : « Que voulez-vous, il faut mourir ! Qu'importe que nous vivions vingt, trente ou soixante ans ! Pour moi je ne me fais pas illusion. A la volonté de Dieu : c'est lui qui nous a donné la vie, il est libre de nous la retirer. » Dans une autre circonstance, il disait au même séminariste : « Notre-Seigneur a bien souffert en mourant pour moi sur la croix : je n'ai qu'à le remercier de ce qu'il daigne me faire souffrir un peu pour lui. » Ses sentiments ne varièrent pas durant ses derniers jours, et il continua à nous édifier par son aménité, sa patience et sa résignation : « Si le bon Dieu veut me guérir, c'est son affaire ; s'il veut prolonger ma maladie et m'appeler à lui, c'est encore son affaire. » Toutefois dans les dernières semaines il se laissait aller à l'espoir de guérir, soit qu'il sentît moins son mal comme il arrive dans les maladies de poitrine, soit que Dieu voulût lui épargner de nouvelles inquiétudes. Un calme presque complet avait en effet succédé aux angoisses de sa conscience si délicate. Une neuvaine au vénérable Perboyre [1]

1. Martyrisé en Chine, le 11 septembre 1840, le vénérable Jean-Gabriel Perboyre, prêtre de la Mission, doit recevoir les honneurs de la béatification dans le cours de cette année.

ne produisit aucune amélioration : mais il garda quand même bon espoir, ce qui le décidait à se soigner sérieusement et à accepter tous les adoucissements qu'on lui procurait. Il resta dans l'illusion sur sa fin prochaine même après les derniers sacrements, qu'il reçut, le 21 mars, avec sa foi et sa ferveur habituelles. « C'est le plus beau jour de la vie ! » disait-il tandis qu'on préparait tout pour le saint viatique et l'extrême-onction. Il avait chargé un de ses confrères de demander pour lui pardon de tous les scandales qu'il avait pu donner, et de toutes les peines qu'il avait pu faire. « Il doit cependant y avoir peu de chose, avouait-il, car j'ai bien fait tout ce que j'ai pu pour être aimable avec tout le monde. » Il renouvela ensuite les saints vœux, selon le pieux usage de la Compagnie, et conserva le plus grand calme. Lorsqu'enfin il comprit que son dernier jour n'était pas éloigné, il ne perdit pas cette douce quiétude, et fit généreusement son sacrifice. Son délire avait pour objet habituel sa chère mère, la surveillance des enfants et les cérémonies de la messe. « Oh ! que ce serait une belle grâce de mourir le jour de Saint-Joseph ! » avait-il dit au commencement du mois de mars. Le jour de la fête de saint Joseph, il descendit pour la dernière fois et eut la consolation d'assister au salut du Très Saint-Sacrement. Le patron de la bonne mort le laissa achever son mois sur la terre ; mais il vint le prendre pour le premier mercredi d'avril, jour où nous faisions l'office votif de Saint-Joseph.

Le mardi, 2 avril, M. Thuin resta levé tout le jour, malgré une grande faiblesse. En se mettant au lit, le soir, il eut un moment si pénible que son confesseur, croyant qu'il rendait le dernier soupir, voulut lui donner l'absolution. Ce mot ranima soudain le pauvre malade : « Vous auriez dû m'avertir, je ne suis pas prêt.... Nous ferons la chose sérieusement, nous ferons la chose convenablement. » Une demi-heure après il se confessa pour la dernière fois.

La nuit fut un peu agitée ; on suggérait au malade quelques aspirations qu'il répétait avec ferveur, particulièrement la triple invocation : *Jésus, Marie, Joseph, je vous donne mon cœur, mon esprit et ma vie !...* — « Que je souffre ! dit le malade. — D'où souffrez vous ? — De partout. » — Il ajouta bientôt : « Je ne croyais pas que le sacrifice fût si tôt. — Offrez toutes vos souffrances au bon Dieu, lui répondit-on. — Oui, reprit-il, tout pour le bon Dieu ! » Et après quelques soupirs, sans agonie, sans secousse, il rendit à Dieu sa belle âme. Il était près de onze heures et demie.

Cette mort, quoique prévue, fut très sensible à tout le monde : notre perte était grande. Nous n'eûmes pas la consolation de conserver les restes de notre cher défunt dans le caveau établi sous notre chapelle. Sa mère inconsolable réclama le corps de son fils bien-aimé. On ne pouvait lui refuser cette triste satisfaction. Après l'office et la messe des morts le cercueil fut transporté au chemin de fer, et l'enterrement eut lieu à Amy, le samedi 6 avril 1889. M. le supérieur du collège de Roye prit la parole pour rappeler ce qu'avait été son cher élève. Une douzaine d'ecclésiastiques, presque tout le village ayant à sa tête le maire et le conseil municipal, un bon nombre de parents et d'amis, assistèrent aux funérailles. « Ses obsèques, dit la *Semaine Religieuse* de Beauvais, furent un triomphe, tant il est vrai que la véritable vertu, celle que la religion inspire, est encore appréciée dans le monde. »

En moins de trente ans, M. Thuin avait rempli une longue carrière de vertu et d'édification constantes.

TABLE

www.ingramcontent.com/pod-product-compliance
Ingram Content Group UK Ltd.
Pitfield, Milton Keynes, MK11 3LW, UK
UKHW021032180726
13838UKWH00004B/1754

9 782329 523545